COLLECTION DÉBATS
dirigée par Michel Delorme

Le postanarchisme
expliqué à ma grand-mère

ISBN 978-2-7186-0878-5   ISSN 0152-3678

www.editions-galilee.fr

Michel Onfray

Le postanarchisme expliqué à ma grand-mère

Le principe de Gulliver

Éditions Galilée

Pour Olivier Streiff

Conquérir le droit de créer des valeurs nouvelles – c'est la plus terrible conquête pour un esprit patient et respectueux.

F. Nietzsche,
Ainsi parlait Zarathoustra,
« Les trois métamorphoses ».

Première partie

Autoportrait au drapeau noir

1

Généalogie des viscères

La généalogie de l'anarchiste se trouve dans ses viscères. On n'y accède pas avec les livres, on la ressent d'abord comme une évidence que le papier confirme ensuite. Car il existe avant tout une rébellion instinctive face à l'autorité, d'où qu'elle vienne. J'ai vécu, jusqu'à l'âge de 10 ans, dans la crainte des coups qui pleuvaient pour un rien. Ma mère, qui fut orpheline, abandonnée à l'Assistance publique, placée dans des familles qui faisaient de l'argent avec ces enfants taillables et corvéables à merci, a subi ce qui a généré chez elle une compulsion de répétition : frappée, elle frappait, n'ayant connu que la violence, elle ne connaissait que la violence, son langage. Je fis souvent les frais de cette incapacité à la raison raisonnable et raisonnante qui génère la gifle, les coups, les volées de cuir du martinet, ou bien encore la parole qui blesse, mortifie l'âme, le geste qui tue, la simulation d'abandon du foyer et autres variations sur le thème de la méchanceté. Je fus *d'abord* cet enfant-là.

Je fus *aussi* celui qui, à 10 ans, toujours en vertu des mêmes principes, fut placé par ma mère, avec le silence tacite de mon père, dans un orphelinat de prêtres salésiens dont quelques-uns, pédophiles, faisaient régner la terreur au quotidien. Dans la préface à *La Puissance d'exister*, j'ai raconté ces quatre années vécues dans la saleté, la crainte, la perversion, l'humiliation, les coups, la violence, l'avilissement, la vexation. Cette haine du corps et des désirs, de la sexualité et des femmes, de l'intelligence et des livres se doublait, chez les prêtres, d'un éloge du sport et du travail manuel, de la virilité et de la compétition, de la famille et du chef. Entre 10 et 14 ans, orphelin du vivant de mes parents, j'ai vécu l'enfer sur terre. Après, tout ne peut qu'être paradis. Ma mère n'en vécut pas mieux d'avoir mis à l'orphelinat son fils aîné, alors qu'elle gardait le cadet pour elle, dans ses jupes. Ni mon frère…

À 14 ans, j'ai le souvenir d'un pacte avec moi-même : je ne serai ni bourreau, ni victime. Je n'avais pas envie de m'humilier en devenant ce que certains prêtres avaient été avec moi : jouisseurs du pouvoir, jubilant de casser et de détruire moins forts qu'eux, cachés derrière l'institution, dissimulés dans la meute, recourant à la force. Mais je n'avais pas envie non plus d'être toujours ce que j'avais été un jour : craignant la pluie de coups, redoutant l'abus sexuel, expérimentant l'arbitraire qui, au choix, nous plaçait sous des douches dont le curé ouvrait les vannes d'eau bouillante ou, dans la nuit d'hiver, au garde-à-vous, grelottant en pyjama dans une cour où la neige reflétait le bleu de la nuit de pleine lune lors d'une punition collective.

À la même époque, je voyais le quotidien de mes parents : mon père louant sa force de travail pour les travaux des champs, ma mère pour ceux du ménage. Les fiches de paie minables de mon père, le travail dans le gel ou sous la canicule, la rudesse des tâches agricoles, la fatigue tétanisant la force musculaire jusqu'au bord de l'épuisement, les nuits de moisson sans sommeil, des heures supplémentaires jamais payées, aucune récupération de ce temps, même lorsque le gel durcissait la terre impossible à travailler… Ma mère nettoyant les toilettes des patrons, ces mêmes employeurs jouissant de ne pas tirer les chasses d'eau la sachant de service, les jouets des enfants enfermés dans des cartons scotchés pendant les vacances de la famille pour qu'il ne nous vienne pas à l'idée, à mon frère et moi, de jouer dans une salle de jeu trois fois plus grande que notre surface habitée – une licence que, de toute façon, notre mère n'aurait pas tolérée.

Plus tard, mais j'ai aussi raconté cette aventure dans la préface à *Politique du rebelle*, j'ai, pendant deux saisons, travaillé quelques semaines dans la fromagerie de mon village, Chambois. J'avais 14 ans la première année, 15 la seconde. Le patron de cette usine possédait aussi la ferme où travaillait mon père et le « château » dans lequel ma mère faisait des ménages. Un petit chef qui faisait régner sa loi m'avait pris en grippe, ainsi que mon ami, Ghislain Gondouin – aujourd'hui libraire d'anciens dans notre village – avec lequel je partageais mes peines et mes passions d'adolescent.

J'ai quitté mon tablier, au sens réel du terme, un jour où le contremaître outrepassa ses droits. Je me suis dirigé vers lui ; il a pris peur et craint l'altercation physique. Je me suis juste contenté de lui dire vivement mes reproches. Comme j'avais quitté mon poste, la chaîne de l'usine s'était arrêtée – je me souviens encore des bruits du moteur, de l'accumulation des grosses bassines de lait à présurer, du patinage de la mécanique, mais aussi, et surtout, du regard des ouvriers qui enviaient ce que l'étudiant saisonnier pouvait se permettre : dire son fait avec véhémence à un petit chef, puis plaquer tout.

Ce jour-là, en retournant vers mon vestiaire, les cheveux, les vêtements trempés de petit lait dont nous dégoulinions toute la journée de travail, je me suis aussi fait une promesse : ne jamais oublier le regard de ces compagnons d'infortune, leur mélange d'envie et de stupéfaction, de tristesse et de contentement – et, surtout, leur rester fidèle.

Quand le patron eut vent de cette altercation, il me convoqua à son bureau – pour me dire qu'il aimait les « fortes têtes ». Il proposa de m'embaucher avec un poste de responsabilité. Il me promit permis de conduire, maison dans le village, costume et cravate dans les bureaux, salaire en conséquence. Il me fit miroiter, péché mortel à mes yeux, une autre vie que celle de mes parents. J'ai alors connu la première jouissance du refus.

Les prêtres de mon enfance, les patrons de mes parents et la hiérarchie de l'usine de mon village m'ont affranchi sur la nature du pouvoir. Que je n'ai pas découvert en lisant Machiavel, mais vu dans le regard de ceux qui en disposaient. J'ai haï le pouvoir, tous les pouvoirs, bien avant de savoir ce que les livres en disaient. Pas besoin de lire sur ce sujet quand on l'a vu, enfant, adolescent, jeune homme, dans la chair mauvaise des gens de pouvoir : cette lueur noire brille d'une façon particulière dans la pupille de l'animal de proie, du chacal, du vautour, du charognard. Ni bourreau, ni victime – et toujours du côté des victimes.

2

Descendant d'esclave

Ma colère avait besoin d'un exutoire. Comment faire pour qu'elle ne dure pas? Entre 14 et 17 ans, loin de l'orphelinat, j'ai connu la joie du lycée mixte, des bonnes sœurs qui aimaient bien les garçons, des baisers volés, de la découverte de la littérature qui change le monde. À l'orphelinat, j'avais lu *Le Vieil Homme et la mer* et *Pêcheur d'Islande* : avec Hemingway et Loti, j'avais découvert la formidable puissance du roman. Dans ce bâtiment aux plafonds hauts, saturé de crasses accumulées, envahi par les odeurs grasses des cuisines de collectivité, j'ouvrais les livres de poche aux bonnes odeurs de colle, d'encre et de papier, et, soudain, je sentais les embruns, la mer, le large, le vent salé – l'évasion était à portée de pages. Le lycée me fit découvrir les livres d'idées – dont Marx.

Je lus (et relus…) le *Manifeste du parti communiste* avec enthousiasme. J'avais 15 ans, et je savais (et je sais toujours) que Marx disait juste en parlant de la lutte des classes comme moteur de l'histoire, en décrivant les terribles conditions de vie du prolétariat, en analysant les modalités de l'aliénation, en racontant la vie mutilée de l'ouvrier et du paysan, en appelant à ce que disparaisse cette exploitation-là. Marx entretenait de l'opposition entre l'homme libre et l'esclave, le patricien et le plébéien, le baron et le serf, le maître de jurande et le compagnon, en deux mots entre les oppresseurs et les opprimés – je me savais descendant d'esclave, fils de plébéien, enfant de serf ou de compagnon. J'avais la fierté de ces origines – je l'ai toujours.

Mais comment passer des livres de Marx à la réalisation concrète de ses idées? Pour l'adolescent que j'étais, Marx, le marxisme et le Parti communiste français entretenaient une relation de filiation directe. Je m'intéresse donc au PCF et envisage une adhésion – j'ai 16 ans. Avec mon ami devenu libraire, nous rendons visite à l'une de nos anciennes institutrices, Marcelle Henri. J'ai vécu Mai 68 dans sa classe où elle fumait comme un sapeur, écoutait les nouvelles des barricades sur son transistor, faisait retirer ses lunettes à un garçon avant de le gifler et utilisait parfois le dictionnaire comme un projectile. C'était avant Mai.

Cette institutrice était généreuse, militante, séparée de son mari, tout à la cause du Parti. Nous pouvions arriver chez elle, il y avait toujours une cigarette, un jus de fruit dans le réfrigérateur et un fauteuil pour converser. Elle ne faisait pas de prosélytisme et ne souhaitait pas à tout prix ajouter un adhérent au Parti. D'autant que j'étais mineur, ma mère nullement communiste et que personne ne souhaitait avoir d'ennuis avec elle! Quand je dis à mon ancienne institutrice que je voulais en savoir plus sur le PCF, elle m'offrit la littérature du Parti et une invitation à la fête de l'Humanité d'Argentan qui se tenait alors sur un terrain vague sur lequel a été construit le lotissement dans lequel j'habite depuis plus de trente ans.

Les rapports des derniers congrès me paraissaient loin des injonctions marxistes! On voyait bien que Georges Marchais ne descendait pas de Lénine. Le génie de la place du

Colonel-Fabien manquait de souffle! Les harangues des permanents du Parti envoyés par Paris pour galvaniser les militants et les sympathisants de la sous-préfecture ne constituaient pas des discours inoubliables. Et puis je n'aimais pas que le PCF fût inconditionnel des pays de l'Est qui, pour le peu que j'en sache alors, ne méritaient aucun soutien.

3

Voline chez mon coiffeur

Le peu que j'en savais, justement, je le devais à une figure ayant beaucoup compté pour moi à cette époque, mon coiffeur : Pierre Billaux. J'ai laissé mes premières boucles blondes dans son échoppe où je me suis fait couper les cheveux jusqu'à son départ à la retraite. Très atypique, cultivé, intelligent, érudit, victime de cette époque d'avant-guerre empêchant qu'un pareil talent puisse donner sa mesure dans une autre profession, il a coupé des tonnes de cheveux dans une boutique qui sentait bon l'eau de Cologne, les produits de rasage et dans laquelle se trouvaient en pile sur une chaise des revues très improbables dans ce village de cinq cents âmes : *Le Canard enchaîné*, *La Gueule ouverte*, *Le Nouvel*

Observateur, *Charlie Hebdo*, *Photo*, le tout dispersé dans le feuilletage des journaux locaux.

Un enfant du village devenu professeur de géographie à l'université de Dakar venait le voir dès qu'il revenait en vacances. Cette figure haute en couleur qui avait le visage d'un mousquetaire, la faconde d'un stentor, la rhétorique d'un pamphlétaire frotté de littérature de droite, sinon d'extrême droite, lui offrit un masque « Dan ». Pierre Billaux l'avait accroché entre les deux miroirs de son salon. J'ai longtemps rêvé sur cette œuvre quand je me faisais couper les cheveux ; et si je collectionne aujourd'hui un peu d'art africain, cette belle pièce n'y est sans doute pas pour peu.

J'allais régulièrement discuter avec lui. Je lisais ses revues. Quand il n'avait plus de clients, nous parlions. À cette époque, déjà (les années 1970), il militait à Amnesty International. Ce que je savais de l'Union soviétique et des pays de l'Est ou de la Chine de Mao, c'est à lui que je le devais. Il me prêtait les « Rapports » d'Amnesty. C'est chez lui que j'entendis prononcer la première fois les noms de Soljenitsyne ou de l'excellent Simon Leys.

J'ouvrais la porte d'un petit cagibi dans lequel étaient accrochés les tubes qui, une fois emmanchés, reconstituaient le balai, et je balayais les cheveux de la coupe précédente. Pendant ce temps, il s'installait un temps sur sa chaise pour reposer ses jambes, et nous parlions.

Un jour, il me demanda de m'asseoir. Pas vraiment solennel, mais avec une réelle émotion dans la voix. Puis il me dit qu'il allait me confier une chose qu'il ne racontait jamais : sa déportation dans le camp de Neuengamme. Les kapos, les miradors, le froid, les barbelés, les coups, la plaie dans le bras, les asticots qui s'installent, l'infirmerie, la mort infligée avec la simplicité d'une gifle, la libération, la marche forcée, l'embarquement de ses compagnons d'infortune sur trois navires dont deux ont été bombardés – je découvrais tout cela. Résistant dans un groupe local basé près du village, il avait été déporté, raflé en même temps que des gens de la commune, dont mon oncle.

Pierre Billaux fut torturé (dans le fameux château où ma mère faisait des ménages) sur les indications d'un gestapiste chamboisien affligé d'un pied bot, caché derrière ses lunettes noires. Cet homme, qui avait vécu avant guerre la vie, les joies et les peines du village avec les siens, s'appelait Gaston Taupinard. Avec son complice, un nommé Bourgoin, il fut responsable des déportations ornaises et de la mort, au moins, d'un jeune garçon employé chez le notaire – Christian Echivard.

C'est donc chez cet homme qu'adolescent je découvris la presse de gauche, les journaux alternatifs ou satiriques, la magie de l'art africain, la geste micrologique de la grande Résistance, le rôle du ressentiment dans la fabrication d'un collaborateur, l'existence du système concentrationnaire nazi, le militantisme des « Droits de l'homme » (avant le dévoiement de cet idéal chez les partisans d'un libéralisme proaméricain…), la possibilité d'une seconde gauche, non communiste et non libérale. Lui qui a connu la guerre, la résistance, les camps, la Libération, eut très vite la certitude que l'Europe constituait un idéal élevé méritant qu'on lui consacre ses forces et son énergie.

Mais c'est aussi chez lui que j'ai découvert la galaxie anarchiste. Il possédait quelques numéros de *Noir & Rouge* et me fit également lire *La Révolution inconnue* de Voline. Je compris alors à quoi ressemblait une légende (en l'occurrence la légende marxiste-léniniste) et ce qu'était l'histoire. Voline montre en effet que l'idéal du Soviet qui anime et galvanise les révolutionnaires de 1917 se trouve trahi par le Parti, l'État dit révolutionnaire, les bolcheviques, les marxistes et la bureaucratie. La dictature du prolétariat est en fait la dictature de l'avant-garde dite éclairée du prolétariat (à savoir les apparatchiks du Parti...) sur le prolétariat. En URSS, la révolution libertaire du peuple est donc devenue dictature bureaucratique sur le prolétariat !

En mars 1921, Lénine et Trotski font fusiller les marins de Cronstadt qui se rebellent au nom de l'idéal révolutionnaire oublié. Un chapitre du livre de Voline s'intitule : « Cronstadt se dresse contre l'imposture bolchevique ». Des victimes en nombre, plus de deux mille, autant de déportations, des exils. L'Armée rouge, une création de Trotski, détruit sur ordre de Lénine l'(excellent) idéal révolutionnaire revendiqué par les marins : les soviets. Ainsi affranchi, plus question d'être marxiste, léniniste ou trotskiste ; encore moins militant du PCF...

4

La galaxie libertaire

Dans la foulée (je suis toujours au lycée…), j'achète *Ni dieu ni maître* de Daniel Guérin dans une édition en un seul volume toilé noir. Je découvre alors la richesse de cette gauche non marxiste qui, dès la première heure, refuse le camp de concentration, le socialisme des barbelés, la police politique, la militarisation de la société et veut *tout de même* la fin de l'exploitation capitaliste, le bonheur des pauvres et des gens modestes, une société plus juste – disons-le autrement : moins injuste… Lors de mon premier voyage à Paris, j'ai 16 ans, je rentre dans la Librairie du Monde Libertaire, rue Ternaux, comme dans une caverne d'Ali Baba intellectuelle.

Je découvre alors l'immense variété de la galaxie anarchiste : l'illégalisme indéfendable de Bonnot et l'illégalisme défendable de Marius Jacob, l'éloge de la violence révolutionnaire de Bakounine et la voie pacifique pédagogique et éducationniste de Sébastien Faure, l'égotisme forcené de Max Stirner et le communisme solidariste de Kropotkine, l'exigence morale d'Élisée Reclus et la brutalité meurtrière de Ravachol, l'anarcho-syndicalisme de Pelloutier et la gauche pragmatique de Louise Michel, l'austérité pragmatique de Proudhon et le délire hédoniste des phalanstères de Fourier.

Je dois dire d'ailleurs qu'à cette époque Fourier a ma faveur : mon ami Ghislain (mon compagnon d'usine, futur libraire d'anciens) m'a offert pour Noël le petit *Charles Fourier* de Pascal Bruckner que je lis avec passion ; en terminale, je cherche à séduire (presque en vain…) une jeune fille catholique en lui offrant *Vers la liberté en amour* de Fourier, une antho-logie du socialisme foutraque qui disserte sur la copulation des planètes ou sur la satisfaction généralisée des libidos les plus fantasques, sur les anti-girafes et la transformation future de la mer en vaste étendue de limonade. La ques-tion de la libération sexuelle devenue pilier d'un édifice social réjouit l'adolescent formaté à l'idéal ascétique chrétien que je suis.

5

Découverte de Proudhon

L'année de mon bac, 1975-1976, je lis *Qu'est-ce que la propriété?* de Proudhon. Livre complexe, difficile, souvent réduit à une réponse vraie, mais problématique : « La propriété, c'est le vol ». Vraie, car, en effet, la propriété, c'est le vol… Mais problématique, parce qu'il faut expliquer la nature de ce vol. Proudhon analyse la force de travail, ce qu'elle permet. Il utilise à cet effet une image parlante : pour ériger l'obélisque sur la place de la Concorde, il a fallu le travail conjoint de deux cents hommes pendant une heure. Si un homme avait travaillé seul pendant deux cents heures, il n'aurait pas élevé le monument. Une coalition de forces a donc été nécessaire pour obtenir un résultat : cette conjonction d'énergies n'est jamais payée en tant que telle. C'est l'aubaine capitaliste : voilà pourquoi, l'aubaine n'étant pas rémunérée dans le travail collectif, la propriété c'est le vol.

Cette critique de la construction de la propriété capitaliste par la spoliation du travailleur a souvent fait passer Proudhon pour un critique de *toute* propriété – ce qui est faux. La lecture de *Théorie de la propriété* montre que, devenue possession (l'autre nom de la propriété en régime d'anarchie), elle garantit du collectivisme communiste qui, lui, est certitude de dictature – magnifique prescience, en 1862, de la future Russie bolchevique! De même avec l'État, critiqué en tant qu'instrument d'asservissement au service du capital, mais défendu s'il assure l'être et la durée des formules anarchistes du fédéralisme, de la mutualisation et de la coopération. La pensée de Proudhon est complexe. J'ai aimé ce que j'avais compris alors ; mais je ne suis pas sûr d'avoir compris ce qu'il fallait comprendre ; ni même d'avoir bien compris ce que j'avais cru comprendre. Proudhon s'avère d'une grande richesse négligée.

Quoi qu'il en soit, je perçois quelque temps plus tard combien Proudhon représente un enjeu politique majeur. J'obtiens mon bac en 1976, je m'inscris la même année à la faculté de philosophie de Caen ; j'assiste au cours de Guy Besse, un apparatchik du PCF qui professe cette année-là un « Marx et Proudhon ». Guy Besse qui doit venir toutes les semaines s'est arrangé avec son collègue de psychanalyse : plutôt que de donner deux heures hebdomadaires, ils sont convenus de séances de quatre heures tous les quinze jours. Feu Guy Besse arrive en retard, part en avance, fait une pause cigarette, va faire des photocopies : la séance devient un gruyère d'une heure. Souvent, cette même séance se volatilise, Guy Besse annonçant son incapacité à assurer son cours la quinzaine suivante. Nous pouvions parfois ne pas le voir pendant plus d'un mois.

Guy Besse enseignait la vulgate marxiste : il existe un socialisme scientifique, un seul, celui de Marx – et tous les autres se retrouvent dans un même panier, flétris par l'épithète « utopique ». Que Fourier et ses gratte-talons relèvent du socialisme utopique, pourquoi pas ! Mais Proudhon ? Ou Bakounine et Kropotkine ? Proudhon, fils de pauvre, pauvre lui-même, autodidacte, travailleur manuel, rural, provincial, a été violemment brocardé par Marx, fils d'avocat, juriste lui-même, de formation universitaire, marié à une comtesse, ce dont il tirait fierté, urbain, travaillant dans les bibliothèques grâce à l'argent donné par Engels, riche des profits de son usine. Quand Proudhon écrit *Philosophie de la misère*, Marx répond par l'ironie avec *Misère de la philosophie*. Le bourgeois se moque du prolétaire : il prétend que l'autodidacte ne comprend rien à la dialectique de Hegel ; qu'il passe à côté de ses lectures ; qu'il se contredit ; qu'il dit n'importe quoi...

La domination du logiciel marxiste dans le monde intellectuel pendant presque un demi-siècle a laissé des traces. Aujourd'hui, quand il est question de Proudhon, on entend plus souvent parler du personnage fabriqué par Marx à coup de brutalités littéraires et de violences dialectiques que du penseur d'un socialisme pragmatique, immanent, débarrassé des scories hégéliennes – sur le rôle de la négativité dans l'histoire, le millénarisme révolutionnaire, la fin de l'histoire réalisée par le prolétariat investi du pouvoir messianique. Ajoutons à cela que des lignes franchement antisémites retrouvées dans ses *Carnets* permettent de condamner tout Proudhon au nom de son antisémitisme privé.

Pour ma part, je tiens Proudhon pour le plus pertinent des anarchistes : par son refus de la manie intellectuelle de croire la pensée du monde plus juste, plus vraie que le monde lui-même ; par sa conjuration de toute transcendance et de tout transcendantalisme au profit d'un pragmatisme de l'immanence ; par sa proposition de solutions toujours concrètes (fédérations, coopérations, mutualisation, banque du peuple, démopédie…) contre les châteaux conceptuels marxistes ; par sa véritable connaissance du peuple qui évite la mythification marxiste du Prolétaire doublée d'une diabolisation du Paysan ; par sa considération de la politique comme activité concrète et pratique, et non, comme chez Marx, une construction de l'esprit, un échafaudage intellectuel ; enfin, surtout, par le grand cas qu'il fait de la liberté concrète, alors que Marx s'en moque : l'un veut réaliser la liberté, l'autre, la dictature du prolétariat, ici et maintenant, pour un avenir introuvable.

6

Avec ou sans Hegel

Entre 1983 et 1986, pour les besoins de ma thèse intitulée pompeusement *Les Implications éthiques et politiques des pensées négatives de Schopenhauer à Spengler*, j'ai examiné, outre ces deux penseurs, la philosophie de Feuerbach, Stirner, Bakounine et Nietzsche. Je souhaitais répondre à cette double question : quelles éthiques et quelles politiques sont possibles dans un monde sans Dieu ? Autrement dit : de quelles valeurs morales et de quels principes d'action un athée peut-il se réclamer ? J'examinais l'individualisme de Stirner et le socialisme dit libertaire de Bakounine dans le sillage de Hegel et de l'hégélianisme. Car l'auteur de *L'Unique et sa propriété* et celui de *L'Empire knouto-germanique* partent tous deux de la pensée du philosophe des *Principes de la philosophie du droit.*

Je souscrivais, à l'époque, à cette opposition enseignée par l'historiographie dominante entre l'anarchisme individualiste et l'anarchisme collectiviste. Le petit « Que sais-je ? » d'Henri Arvon avalisait ce découpage (fautif) dans l'histoire de la pensée anarchiste. Max Nettlau, historien canonique de la discipline, écrit, dans son *Histoire de l'anarchie*, que Stirner est « sincèrement anarchiste » et que son « prétendu égoïsme » est un instrument de lutte contre le socialisme autoritaire étatique ! Pour voir un anarchiste en Stirner, et le dédouaner de tout égoïsme, il faut négliger la lecture de *L'Unique et sa propriété*, car, dans ce volume de cinq cents pages, il triomphe en solipsiste fustigeant tout ce qui entrave son « Moi » : l'État, la loi, le droit, la famille, la patrie, les philosophes, l'École, la caserne, la police, l'Université, la nation, la morale, le libéralisme, le bourgeois, la société, le bien, le mal, la raison, la vérité, les impôts, le système, la hiérarchie, la monogamie, l'amitié, le mariage, la propriété, l'argent, l'autorité, le travail, l'héritage, le roi, l'empereur, la légalité, les constitutions, la religion,

Dieu, etc., ce qui, évidemment, flatte la fibre de l'anarchiste de ressentiment.

Toutefois, que les anarchistes le sachent aussi!, Stirner vomit également : la justice, la liberté, l'égalité, l'équité, le partage, la solidarité, la fraternité, le peuple, le prolétariat, Proudhon. Il justifie l'inceste, le mensonge, le parjure, le non-respect de la parole donnée, le crime. Si d'aventure il célèbre l'« association d'égoïste », ça n'est pas par souci de la micro-communauté, mais parce que celle-ci constitue ponctuellement la formule la plus utile au triomphe de son ego. Cet anarchisme-là s'inscrit moins dans un cadre libertaire que dans une logique libérale – que Pierre Berger fasse de Stirner son maître à penser n'est pas un hasard.

Quant à Bakounine, son néo-hégélianisme, son communisme, sa lecture téléologique de l'histoire, sa justification de la violence révolutionnaire comme un moyen nécessaire à la réalisation de la révolution, sa légitimation de la guerre civile dans la totalité de son œuvre, il me paraît moins un adversaire irréconciliable de Marx que l'avers dit libertaire d'un revers autoritaire incarné par l'auteur du *Capital*. Albert Camus, qui pointait avec raison ce tropisme chez l'anarchiste russe dans *L'Homme révolté*, eut tort de rendre les armes à Gaston Leval qui lui reprochait de proférer une contre-vérité car, du premier au dernier texte, Bakou-nine n'a jamais cessé de célébrer la beauté de la violence révolutionnaire. En ce sens, il a plus affiché sa proximité avec Marx que son incom-patibilité. Quelques-uns qui furent marxistes libertaires, Henri Lefebvre ou Daniel Guérin, ne défendaient pas Bakounine par hasard.

Je n'avais pas envie de choisir entre deux formules inadéquates à mes yeux : ni l'autisme solipsiste d'un petit-bourgeois égoïste, ni la fièvre sanguinaire du révolutionnaire profes-sionnel affamé de barricades. Je voulais autre chose. Je compris que cette fausse opposition entre l'anarchisme individualiste stirnérien et l'anarchisme communiste bakouninien cachait une autre opposition nettement plus opération-nelle d'un point de vue libertaire : celle qui met dos à dos une tradition avec une généalogie hégélienne (Stirner, Bakounine, Kropotkine…) et celle qui procède de La Boétie (Han Ryner, Sébastien Faure, Élisée Reclus, Pierre-Joseph Proudhon…), moins soucieuse de négati-vité dialectique que de positivité constructive. D'abord, ne plus donner au pouvoir le consentement qui le constitue ; ensuite, créer les conditions concrètes d'une révolution libertaire ici et maintenant. Soit une tradition germano-russe et une tradition française.

7

« L'anarchie positive »

Le catéchisme libertaire français se trouve paradoxalement indexé sur la tradition germano-russe. J'ai lu *Le Monde libertaire* pendant des années (il existe même une photo de moi âgé d'une vingtaine d'années, il y a donc plus de trente ans, lisant ce journal avec sur mes genoux un joli et gentil petit garçon, mon filleul laïc, devenu depuis un grand jeune homme… rugbyman et commissaire de police!). J'ai résilié mon abonnement quand je m'y suis fait régulièrement démonter le portrait – pas assez homme de ressentiment, trop philosophe solaire aux yeux des défenseurs du dogme.

Les anarchistes institutionnels aiment la routine, récitent le catéchisme, pratiquent la génuflexion devant leur bibliothèque et croient dur comme fer que les solutions du XXIe siècle se trouvent dans des textes contemporains de l'invention de la machine à vapeur. Dans une France où l'État n'existe plus, où la religion catholique ne fait plus la loi, où la nation se trouve assimilée au nationalisme, donc à la guerre, dans un monde d'après les camps de concentration nazis et communistes, la bombe atomique et la pollution généralisée, la révolution informatique et les catastrophes nucléaires, peut-on *encore* se contenter du corpus canonique ? Non. Il faut inventer, ajouter, créer aujourd'hui des nouvelles possibilités de pensée libertaire.

Pour ma part, je souhaite tourner le dos à la gauche de ressentiment qui nourrit si souvent la prise de position anarchiste : contre. Contre tout. Contre tout ce qui est pour, et pour tout ce qui est contre. Une logique infantile au sens étymologique. Je peux comprendre pourquoi Stirner peut enthousiasmer un adolescent, mais beaucoup moins qu'il séduise encore un adulte ! On entend dans *L'Unique et sa propriété* un grand cri primal lancé par un enfant exigeant tous les bonbons du magasin qui se fâche contre la marchande qui dit non.

Cette plainte infantile est malheureusement le cri régressif de nombre d'anarchistes institutionnels dont on voit bien à quoi ils s'opposent (souvent tout, ou presque…) sans qu'on puisse savoir ce qu'ils proposent de viable, de concret, de positif.

Voilà pourquoi j'aime Proudhon qui parle d'« anarchie positive » et refuse de tomber dans deux impasses : l'*anarchie de ressentiment*, si bien analysée par Nietzsche, ou l'*anarchie d'utopie* qui veut réaliser le paradis sur terre : plus d'exploitation, plus de misère, plus de souffrance, abolition du capital, du capitalisme, de l'argent, du salariat, disparition du mal comme par enchantement, ouverture des prisons, inutilité de la police, évaporation de l'armée, plus de violence, de mensonge, de viol, une société enfin pacifiée avec des hommes qui vivent d'amour! Les loups qui embrasseraient les moutons sur la bouche auraient même oublié que, jadis, ils les dévoraient! On verra, dans cette seconde partie, que le postanarchisme constitue la réponse positive qui rend caduques l'anarchie de ressentiment et l'anarchie d'utopie.

8

Vivre l'anarchie

L'anarchie est moins une idéologie à vociférer qu'une pratique à incarner. J'ai refusé un certain nombre de postes de pouvoir depuis que je suis en âge de les accepter ou qu'on me les propose : par exemple, en 1986, enseigner à l'université après ma soutenance de thèse comme me le proposait ma directrice de thèse – j'ai continué à enseigner dans le lycée technique de province où j'ai travaillé vingt ans ; en 1989, déménager pour vivre à Paris où l'on m'invitait à rejoindre la tribu parisienne qui fait et défait les réputations – j'ai préféré vivre et travailler à Argentan dans l'Orne, ma ville natale, où je suis toujours ; dans les années 1990, diriger la page culturelle d'un hebdomadaire parisien – *Globe* en l'occurrence ; à plusieurs reprises, entre 2000 et 2010, devenir chroniqueur dans des émissions télévisées ou à la radio – Franz-Olivier Giesbert, Laurent Ruquier ou bien France Culture ; en 2005, enseigner aux États-Unis à l'Université Emory (Atlanta, Georgie), là où professa Jean-François Lyotard, comme me le proposait fort généreusement Philippe Bonnefis ; en 2007, être candidat de la gauche antilibérale à la présidentielle comme me le demandaient, le vendredi 15 septembre de cette année-là au bar de l'Hôtel des Saints-Pères, Michel Naudy, Pierre Carassus et Éric Coquerel de la Gauche républicaine et de Mars. Dans ma vie privée, j'ai également refusé le mariage et la paternité, la création d'une famille. Le libertaire ne l'est que par ce qu'il montre de libertaire dans sa vie.

Mon travail de philosophe s'inscrit également dans le lignage du *ni dieux ni maîtres :* le *Traité d'athéologie* s'attaque aux religions en général, et plus particulièrement aux trois monothéismes pourvoyeurs de haine de la vie, de mépris des femmes, de refus de l'intelligence, de condamnation de la raison, d'invitations à l'obéissance, de culte de l'obscurantisme, de goût pour la pulsion de mort, de célébration de l'agenouillement, etc. ; *Le Cré-*

puscule d'une idole démonte la supercherie
freudienne, son ancrage dans une ontologie
réactionnaire, le compagnonnage de Freud
avec les régimes fascistes européens, la mys-
tification de cette prétendue science qui ne
guérit pas, mais coûte extrêmement cher, la
stratégie de maîtrise de l'analyste et le devenir
esclave de l'analysé impliqué dans une relation
ressortissant de la pensée magique ; la série des
volumes de la *Contre-histoire de la philosophie*
(treize de prévus) qui réhabilite vingt-cinq
siècles de pensée occidentale subversive parce
que atomiste, matérialiste, épicurienne, sensua-
liste, empiriste, pragmatique, contractualiste,
déiste, panthéiste, athée, anarchiste, communiste, socialiste, libertaire, des sensibilités qui
s'opposent aux logiques de servitudes servies
par l'idéalisme, le platonisme, le spiritualisme,
le christianisme, le kantisme, etc. ; d'autres
livres qui proposent de déchristianiser la sexualité (*Théorie du corps amoureux* ou *Le souci des
plaisirs*), la bioéthique *(Féeries anatomiques)*, la
politique *(Politique du rebelle)*, la morale *(La
Sculpture de soi)* – tous ces chantiers proposent
d'inscrire le corps, l'éros, la politique, les ver-
tus, dans des logiques non autoritaires, libertaires, contractuelles.

51

La création de l'Université populaire de Caen en 2002 relève, elle aussi, de la pratique libertaire. Elle est un lieu libre d'accès, gratuit, animé par des bénévoles, dans l'esprit de son fondateur anarchiste Georges Deherme, qui sort la culture de ses ghettos élitistes, élitaires, aristocratiques pour démocratiser la philosophie et un certain nombre d'autres disciplines (philosophie pour enfants, féminisme, art contemporain, musicologie, jazz, économie, psychanalyse, psychologie, cinéma, bioéthique, architecture, musique, littérature, politique, épistémologie…). Elle propose à chacun d'être son dieu et son maître dans une perspective solaire, subjective, individuelle.

Ajoutons à cela la création de l'Université populaire du goût en 2006 au milieu d'un jardin de réinsertion sociale qui accueille une vingtaine de victimes de la violence libérale. Cette université populaire tâche de restaurer la dignité de personnes qui l'ont perdue après l'alcool, la drogue, la prison, la délinquance, le chômage, la rue – voilà également un autre chantier libertaire. Régulièrement, des artistes, des écrivains, des cuisiniers, des poètes, des acteurs, des conférenciers, des musiciens, des peintres, des chanteurs viennent dans ce jardin, sous un chapiteau, à la rencontre d'un public habituellement privé de culture. Forte de ce que Bourdieu nous apprend des usages de classe de la culture, l'UP fonctionne en contrepoint : la culture n'est pas une occasion de signature sociale, de reconnaissance tribale, mais une force de partage, de solidarité, de fraternité, de communauté hédoniste.

Pour les Universités populaires, outre Deherme le proudhonien, je me suis aussi inspiré de ce que les anarchistes espagnols nommaient en leur temps les « Athénées », fondées au XIXe siècle, puis très actives contre le franquisme et vivaces encore de nos jours. Dans ces lieux libertaires, la culture fonctionne comme un instrument d'émancipation éthique et politique. La résistance au fascisme espagnol s'y manifestait de façon clandestine; la résistance à la mondialisation libérale contemporaine constitue de nos jours un totalitarisme qui nécessite ces lieux de contre-pouvoir.

Si nous voulons éviter la double impasse du désinvestissement politique par fatigue et du refus de la politique politicienne par lucidité sur sa nature pitoyable, le postanarchisme permet une sortie par le haut : l'action libertaire *ici et maintenant* pulvérise les attentes millénaristes, elle réduit à néant les religions du salut citoyen. Elle oblige également à la responsabilité individuelle et personnelle telle que La Boétie y invite dans son *Discours de la servitude volontaire*. Accabler autrui de tous les maux du monde, rendre l'autre responsable et coupable de toute la négativité, élire un bouc émissaire pour éviter de penser, attendre le grand soir avec la foi du charbonnier, vociférer ou défiler sous des banderoles : tout ce cirque ancien passe au second plan. Le postanarchisme n'est pas pour demain – mais pour tout de suite.

Deuxième partie

Le postanarchisme expliqué
à ma grand-mère

Le terme *postanarchisme* parle peu en France, alors qu'aux États-Unis il caractérise une pensée qui, inscrite de manière dialectique dans l'histoire, conserve un certain nombre des idéaux de l'anarchisme classique mais les dépasse au profit de la construction d'une pensée extrêmement riche en potentialités libertaires contemporaines. Voici l'esquisse d'une proposition postlibertaire.

1

Situations

La plurivocité anarchiste

L'histoire de l'anarchisme reste à écrire. On y trouve trop souvent un banquet dans lequel on associe sans souci de pensée surplombante des visions du monde contradictoires : ainsi, l'individualisme radical d'un Stirner côtoie le collectivisme d'un Kropotkine, l'éloge de la violence révolutionnaire d'un Bakounine se partage la table des matières avec le pacifisme non violent de Sébastien Faure, l'anarchisme chrétien de Tolstoï voisine avec l'anticléricalisme de Jean Grave, le millénarisme apocalyptique de Godwin coexiste avec le pragmatisme de Proudhon, la pruderie de ce dernier cohabite avec le projet ultrahédoniste de Fourier ou l'éloge de la camaraderie amoureuse d'Émile Armand, les uns font de Ravachol leur héros et justifient les poseurs de bombes, les auteurs d'attentats qui tuent (des innocents…), pendant qu'Alexandre Jacob, gentleman cambrioleur, le modèle d'Arsène Lupin, s'active dans la « reprise individuelle » sans jamais faire couler le sang (même de possibles coupables du genre notaires, agents immobiliers, huissiers…).

Le seul Proudhon, auquel personne ne conteste le titre d'anarchiste – qu'il endosse d'ailleurs sans aucun problème –, défend pourtant des positions homophobes, misogynes, antisémites, bellicistes. Or, Daniel Guérin qui a raconté son homosexualité dans le détail, Louise Michel qui défend la cause des femmes, Bernard Lazare celle des Juifs en général et de Dreyfus en particulier, Louis Lecoin celle de la paix au point d'avoir passé pour elle des années en prison, relèvent eux aussi de l'anarchisme. Difficile, dans cette configuration particulière, de pouvoir se dire anarchiste de manière univoque.

Le postanarchisme prélève donc dans ce corpus anarchique de quoi construire une théorie politique à même de durer et de prendre du service concret dans ces années inaugurales du nouveau millénaire. Faut-il donc sacrifier religieusement au corpus établi par les conciles anarchistes ? Doit-on obéir, comme dans une Église, aux oukases posés par les synodes ? Est-il obligatoire de consentir à ce que le catéchisme anarchiste enseigne à ses ouailles ? Ou peut-on, ici comme ailleurs, voire plus et mieux qu'ailleurs, se revendiquer du salutaire « ni Dieu(x) ni Maître(s) » ?

Au-delà des dogmes

Rapide tour d'horizon de quelques-uns de ces dogmes : « l'État incarne le mal absolu » – même quand il agit en machine à redistribuer de façon égalitaire et libertaire, équitable et juste, les fruits de l'impôt ? « Les élections sont toujours des pièges à cons » – même quand Proudhon s'y présente ou qu'à la façon de Murray Bookchin on imagine un communalisme libertaire, ou qu'on peut, en votant, établir un rapport de force politique qui n'est pas idéal, certes, mais plus favorable à l'idéal libertaire (par exemple dans les cas concrets de l'interdiction du travail des enfants, de l'abolition de la peine de mort, de la légalisation de l'avortement, du remboursement de l'IVG, de la réduction du temps de travail, de l'extension du pouvoir syndical, du RMI, du PACS, en attendant le mariage des homosexuels, la reconnaissance de l'homoparentalité, etc.) ?

Autre dogme : « le capitalisme est un moment dans l'histoire du monde, il faut l'abolir » – or, il constitue la vérité indépassable de l'échange depuis que le monde est monde, car l'on confond souvent capitalisme, un mode de production des richesses qui suppose la propriété privée, et libéralisme, un mode de répartition des richesses ainsi obtenues. De sorte qu'il pourrait exister un *capitalisme libertaire* comme il y eut un *capitalisme soviétique* ou un *capitalisme écologique*, ce vers quoi nous semblons nous diriger.

Faut-il vraiment souscrire aux dogmes quand on se dit l'ennemi de tous les dogmes ? Doit-on refuser toute autorité, sauf celle de son Église ? Est-ce que l'anarchisme, dans son essence, n'est pas refus de tous les dogmes, y compris, donc, refus des dogmes anarchistes exercé au nom de la liberté de penser, de l'usage critique et libre de sa raison, du développement de la rationalité sans les obstacles épistémologiques doctrinaires et idéologiques ? La raison anarchiste obéit bien trop souvent à des obstacles épistémologiques, notamment ceux de la croyance, qui la cristallisent puis la pétrifient dans une inutilité dommageable.

2

Conservations

Une historiographie dominante

L'histoire de l'anarchisme est un immense chantier dans lequel règne le plus grand désordre. L'historiographie ici n'a pas à envier, là, celle de la philosophie que je me propose de déconstruire depuis 2002 à l'Université populaire. L'historiographie anarchiste reproduit les mêmes lieux communs, les mêmes approximations, les mêmes contrevérités que les autres, parce que leurs (rares) auteurs se contentent d'écrire les histoires d'aujourd'hui en compilant celles d'hier, sans se référer aux textes, sans lire, sans aller voir directement qui a dit quoi, quand, comment, et dans quel contexte. Ainsi, une erreur plusieurs fois martelée devient, ici comme ailleurs, une vérité révélée et une parole d'évangile.

Prenons quelques exemples : William Godwin ? « Ancêtre de l'anarchisme » – alors que son œuvre est celle d'un protestant millénariste qui décrit l'avènement d'un paradis sur terre dans un très lointain avenir grâce à la persuasion et à la rhétorique… Stirner ? « Anarchiste individualiste » – même s'il incarne un solipsisme intransigeant et immoral dans lequel la misère du monde en général et du prolétariat en particulier compte pour zéro… Proudhon ? « Père de l'anarchisme », malgré, pourtant, je l'ai déjà brièvement souligné, le mépris des femmes, la haine des homosexuels, l'invitation à la destruction des Juifs, la condamnation de l'art contemporain et l'éloge de la grande santé que permet la guerre… Tolstoï ? « Anarchiste chrétien » – mais comment aspirer au bonheur sur terre tout en enseignant l'illusion de ce monde-ci, la vérité supérieure d'un arrière-monde et les fables du péché originel ou de la Providence ? Pour le moins, et afin d'éviter le capharnaüm théorique, il faudrait procéder à un réel travail critique afin de ne pas se contenter de reproduire les lieux communs véhiculés par l'Église anarchiste.

Droit d'inventaire

Le corpus anarchiste est une immense carrière à ciel ouvert dans laquelle on trouve des pépites pourvu qu'on exerce un droit d'inventaire sur ce monde magnifique. À l'évidence, une éthique minimale conduira à refuser et à récuser phallocratie, misogynie, homophobie, antisémitisme, bellicisme, colonialisme. Ensuite, il s'agira d'examiner ce qui relève dans ce corpus d'une réponse datée à une question datée : par exemple, on évitera de prendre pour argent comptant les conclusions d'une analyse faite pour la Russie de son temps par Bakounine ou Kropotkine notamment, en la dupliquant sans autre forme de procès dans notre configuration contemporaine ; de même, on tâchera de considérer que la haine de l'État propre aux anarchistes du XIXᵉ siècle qui vivaient dans un temps où cette machine ne servait qu'à entretenir et à reproduire la misère, tout en empêchant, par la police, l'armée, la prison, l'avènement d'une société libertaire, que cet État haï, donc, est le même que celui qui a permis les progrès politiques cités plus haut – suppression du travail des enfants, abolition de la peine de mort, légalisation de l'avortement, etc.

De même, il faudrait en finir avec la prégnance du modèle chrétien dans la construction de la mythologie anarchiste : l'annonce de la parousie, la croyance apocalyptique, la foi millénariste, l'optimisme pour la fin des temps, la fin de l'histoire accomplie par la réalisation du paradis sur terre, le schéma du péché originel lavé par la rédemption donnant : la faute de la propriété privée capitaliste rédimée par la révolution prolétarienne comme salut.

On gagnerait également à cesser de souscrire aux thèses rousseauistes de la bonne nature humaine et de la mauvaiseté de la société, une antinomie hypothétiquement résolue selon les anarchistes conquis par le philosophe bucolique grâce à un changement de société : avec une autre répartition des richesses consécutive à un nouveau mode de production ayant lui-même exigé une révolution avec appropriation collective des moyens de production, on obtiendrait un homme nouveau, on retrouverait enfin sous la gangue la pureté de l'homme originel bon par nature ! Billevesées d'enfants…

La révolution qui règle définitivement tous les problèmes et assure de la disparition du mal sous toutes ses formes – plus de crimes, plus de meurtres, plus d'exploitations, plus de viols, plus de méchanceté, plus de misères, plus de forfaits, plus de haine, plus de ressentiment, etc., une société enfin sans police, sans prison, sans armée, sans guerre, sans potences, sans négativité –, voilà une incroyable fiction digne des scénarios les plus fantasques, les plus infantiles et les plus religieux.

Quand on aura : laissé de côté les réponses anarchistes datées parce que produites par la réactivité au temps de leurs acteurs, fussent-ils les pères de l'Église anarchiste ; rompu avec le schéma chrétien de révolution avec annonce du paradis à venir ; cessé de croire aux fantaisies millénaristes avec promesses de sociétés radieuses ; arrêté de souscrire aux naïvetés rousseauistes – alors arrivera le temps de l'anarchie positive, la tâche que se propose le postanarchisme.

L'anarchie positive

Qu'est-ce que l'anarchie positive ? Ce qui, dans le corpus anarchiste, ne relève pas de la critique, de la négativité, de la déconstruction, du ressentiment, d'un désir de vengeance, d'une soif de haine, d'une envie de rancune (Nietzsche a superbement analysé ce mécanisme à l'œuvre dans l'engagement des socialistes, des communistes, des anarchistes…). Ce qui propose, ouvre des perspectives, crée des ouvertures, annonce des issues, sort des impasses. Ce qui permet, selon l'expression de Nietzsche, d'« inventer de nouvelles possibilités d'existence ». Contre la pulsion de mort et la loi de la vengeance, passion triste à souhait, le postanarchisme instaure le règne de la pulsion de vie, il veut la loi de la plus grande jubilation du plus grand nombre.

Que faut-il conserver après l'exercice de ce droit d'inventaire ? *Leçon de Godwin :* désirer une communauté jubilatoire constitutive du fond de toute proposition anarchiste dans laquelle l'autorité descendue du ciel des idées disparaîtrait au profit d'une autorité immanente, choisie, contractuelle, librement consentie. *Leçon de Proudhon :* se soucier d'un pragmatisme libertaire qui se détermine non pas en regard d'un idéal platonicien ou hégélien, mais en considérant la pure et simple réalité terrestre. *Leçon de Stirner :* construire une force par l'« association d'égoïstes » qui démultiplie la puissance de l'Unique et constitue un cheval de Troie à même d'agir dans le réel du moment. *Leçon de Louise Michel :* expérimenter la justice comme une viscéralité motrice de la pensée et de l'action. *Leçon de Fourier :* construire des microcommunautés libertaires, édifier des phalanstères postmodernes conçus comme autant de laboratoires qui permettraient aux anarchistes (selon l'excellente formule de Bergson) « de penser en homme d'action et d'agir en homme de pensée » afin de ne pas se contenter du kantisme de la pureté de l'idéal jamais sali par l'action concrète. *Leçon de Bakounine :* se méfier comme de la peste du pouvoir et de ceux qui l'exercent, y compris en se réclamant de l'anarchie, car le pouvoir corrompt quiconque en dispose – son exception. *Leçon de Kropotkine :* développer le penchant sublime à la solidarité qui existe chez les animaux, donc chez l'homme. *Leçon de Thoreau :* réactiver l'impératif catégorique libertaire de La Boétie : « Soyez résolus de ne plus servir et vous voilà libres », d'où l'immense efficacité de la désobéissance civile. *Leçon d'Élisée Reclus :* ne pas confondre l'usage politique d'une découverte scientifique et la vérité intrinsèque de cette découverte, car la science n'est ni bonne ni mauvaise en soi. *Leçon de Sébastien Faure :* investir dans la pédagogie libertaire, dans l'éducation populaire, dans l'entreprise de formation des consciences et des intelligences anarchistes. *Leçon d'Alexandre Jacob :* célébrer l'illégalité de « la reprise individuelle » quand elle se propose de redistribuer aux pauvres. *Leçon de Zo d'Axa :* être anarchiste *en dehors* de l'anarchie. *Leçon d'Émile Pouget :* légitimer le sabotage s'il est indexé sur l'amélioration de la condition ouvrière. *Leçon d'Émile Armand :* exiger pour le corps un droit à la jubilation, car la révolution concerne également les relations sexuées. *Leçon des anarcho-syndicalistes :* penser la doctrine comme un produit de l'action. *Leçon de Makhno :* construire l'indispensable discipline par l'accord tacite et le libre consentement. *Leçon de Pelloutier :* viser la « culture de soi-même ». *Leçon de Voline :* effectuer la synthèse du divers libertaire, en l'occurrence les courants anarcho-syndicaliste, communiste-libertaire et individualiste. *Leçon de Malatesta :* affirmer haut et clair que la fin révolutionnaire libertaire ne justifie jamais les moyens autoritaires. *Leçons de Han Ryner ou de Manuel Devaldès :* proclamer l'individu mesure de l'idéal anarchiste. *Leçon d'Emma Goldman :* compléter l'anarchisme par la vie hédoniste. *Leçon de Louis Lecoin :* mener une vie anarchiste sur le principe multiséculaire du « mener une vie philosophique » des penseurs gréco-romains.

L'Alphée anarchiste

La Commune a saigné le génie anarchiste français, proudhonien pour une grande partie. Les attentats et les bombes envoyées dans les restaurants ont discrédité la cause libertaire, y compris chez de nombreux anarchistes. La bande à Bonnot, dévoyant l'idéal dans le crime crapuleux, a associé pour longtemps le beau mot d'anarchisme aux agissements mafieux d'un rassemblement de petites frappes. La première guerre mondiale a brisé le rêve anarchiste par son impuissance à la grève générale. Le triomphe du marxisme a laminé le génie libertaire par les pires moyens. Qui s'est réclamé de l'anarchisme au XXe siècle en ayant ajouté au corpus des valeurs nouvelles ?

Certes, il y eut les travaux de Daniel Guérin et Louis Lecoin, d'Henri Arvon et Jean Maitron, mais pour quelles idées neuves ? Quels concepts nouveaux ? Quels outils inédits ? Ces hommes de qualité ont bien souvent écrit la légende anarchiste en reprenant la substantifique moelle dix-neuviémiste. Leurs œuvres furent surtout historiques. Le postulat du post-anarchisme est qu'il y a eu, comme avec le fleuve Alphée (qui semble se perdre en mer, mais traverse l'océan, puis reparaît après sa course, intact, sur la côte d'en face), un courant anarchiste ayant prospéré en dehors de l'anarchie historique, revendiquée, visible dans les institutions du mouvement.

Dans cet ordre d'idées, il y aurait à dire sur le rôle généalogique de George Orwell et Simone Weil, de Jean Grenier et Albert Camus par exemple. Mais après eux, aussi, et encore, il existe un formidable vivier dans la pensée française dite *French Theory*. Les noms qui suivent ne sont pas directement associés à l'anarchisme, certes, mais ces penseurs ont produit des concepts, des idées, des outils utiles à la formation d'un corpus libertaire postmoderne. Le post-anarchisme prend appui sur ce tremplin et se propose d'en assurer la visibilité intellectuelle.

3

Dépassements

Généalogies du postanarchisme

Fort des enseignements d'un XXᵉ siècle riche en événements historiques (deux guerres mondiales, fascismes, nazisme, stalinisme, shoah, Hiroshima, goulag, génocides, puis, depuis 1989, chute des totalitarismes de l'Est, mondialisation libérale, globalisation des enjeux, tyrannie de la machine informatique, périls écologiques…), le postanarchisme propose de réfléchir à partir des acquis d'une pensée majoritairement française et de proposer une sortie du nihilisme à l'aide d'un corpus philosophique relativement récent.

Ainsi du travail de Michel Foucault : sur la fin du pouvoir localisable en un seul lieu, l'État, et l'archéologie d'un pouvoir partout disséminé ; sur le système de contrôle des corps *via* la prison, l'hôpital, mais aussi l'école, la caserne ; sur les enjeux politiques d'un usage de la notion d'« anormalité » ; sur la nécessité d'une éthique postchrétienne basée sur le souci de soi et l'usage des plaisirs ; sur le gouvernement de soi préférable au gouvernement des autres dont il pourrait dispenser ; sur la nécessité d'un intellectuel spécifique ; etc.

Ainsi avec l'œuvre de Pierre Bourdieu et ses réflexions : sur la nécessité d'un combat antilibéral ; sur l'indispensable construction d'un intellectuel collectif à même de mener cette lutte ; sur le démontage des mécanismes de reproduction sociale et de tyrannie politique – l'Université, les grandes écoles, la télévision, le journalisme ; sur la permanence de la domination masculine ; sur l'obligation de relier les luttes syndicales sur le terrain européen ; etc.

Ainsi avec les ouvrages de Gilles Deleuze et Félix Guattari (dont on oublie souvent le compagnonnage au profit du seul premier) : sur la géniale invention (due à Guattari) de la micropolitique qui annonce fort justement que des microfascismes se sont substitués au fascisme classique ; sur la possibilité d'induire des microrésistances en regard de cette configuration nouvelle ; sur la nécessité de mettre en réseaux ces forces oppositionnelles ; sur la critique de l'usage familialiste de la psychanalyse ; sur le concept des trois écologies et de l'écosophie définie en relation avec cette analyse ; etc.

Ainsi avec les réflexions de Jean-François Lyotard : sur la dimension vitaliste de l'économie libidinale ; sur la fin des grands récits explicatifs du monde et la condamnation à inscrire la modernité dans les petits récits ; sur la postmodernité comme issue de secours au structuralisme ; sur le rôle matriciel éthico-politique des avant-gardes esthétiques ; sur la célébration hédoniste des intensités d'affects ; sur son Marx non marxiste et autres instructions païennes ; etc.

Ainsi avec les publications innombrables de Derrida non pas sur la grammatologie ou le différend, mais : sur le droit élargi à la philosophie ; sur le rôle architectonique de l'amitié ; sur une autre université ; sur un compagnonnage critique avec la psychanalyse ; sur une politique de l'hospitalité ; sur une nouvelle définition du terrorisme ; sur une critique des États voyous ; sur une éthique, enfin, à l'endroit des animaux ; etc.

Permanence de l'antiphilosophie

Cette philosophie baptisée « Pensée 68 » par ceux qui incarnaient la revanche politique anti-Mai 68 a produit un double effet : *version cynique*, la contamination libérale du parti socialiste au pouvoir qui, *via* Mitterrand à l'aise dans les habits de Machiavel, impose dès 1983 une gestion libérale de la nation tout en continuant à s'affirmer socialiste ; *version franche,* l'accès de Nicolas Sarkozy au pouvoir en 2007 avec un ralliement d'une grande partie de l'intelligentsia aux thèses antiphilosophiques (pour reprendre une expression datée du XVIIIe siècle qui nommait le courant opposé aux Lumières) et contre-révolutionnaires (pour nommer une franche opposition à Mai 68 qui, à défaut d'un chambardement politique, fut incontestablement une révolution idéologique). Une antiphilosophie contre-révolutionnaire dont les Nouveaux Philosophes s'étaient d'ailleurs faits les précurseurs aveugles.

L'antinietzschéisme constitue la colonne vertébrale de cette *Pensée anti-68*. Il n'est d'ailleurs pas étonnant que les auteurs de *La Pensée 68* (1988) aient pris l'initiative d'un *Pourquoi nous ne sommes pas nietzschéens* (1991) qui manifestait le désir d'un meurtre du Père, le Père étant le *nietzschéisme français* et quelques-uns de ses actes fondateurs. Je songe aux deux moments philosophiques majeurs que sont : le VIIe colloque de Royaumont qui a eu lieu du 4 au 8 juillet 1964 et le colloque *Nietzsche aujourd'hui* qui s'est déroulé à Cerisy en juillet 1972. Avant 68 pour Royaumont et après 68 donc pour Cerisy.

Le nietzschéisme libertaire

À Royaumont, Foucault intervient sur une triade appelée à laisser des traces : *Nietzsche, Freud, Marx*. C'est le titre de son intervention dans laquelle il propose un Nietzsche herméneute et perspectiviste. C'est toujours le nôtre. Pour sa part, Deleuze intervient sur la volonté de puissance et l'éternel retour, ce qui lui fournit l'occasion de cheminer en compagnie du philosophe fou, d'avancer au bras du penseur masqué, puis de forcer le texte en récusant le déterminisme (manifeste dans le texte du philosophe allemand) au profit d'un volontarisme sélectif (inexistant dans l'œuvre) qui ouvrait la voie à un nietzschéisme gauchiste :

il s'agissait en effet de vouloir les jouissances qu'on désirait voir se répéter sans cesse – ce qui aurait laissé Nietzsche pantois.

Mai 68 vint. Il donna raison au nietzschéisme : abolition de la vérité une et transcendante, adoubement du perspectivisme ; affaissement de l'Un, naissance du Divers ; fin des arrière-mondes justificatifs de l'ordre du monde, avènement du règne de la pure immanence ; disparition de la téléologie chrétienne, apparition de l'adhésion jubilatoire à la volonté de puissance – qui est volonté de vie ; éviction de l'idéal ascétique judéo-chrétien, épiphanie de la pulsion de vie célébrée sur le mode païen ; effondrement d'un vieux monde, surgissement de « nouvelles possibilités d'existence ».

Dans le monde de la philosophie, mais aussi dans celui de l'anarchisme, l'historiographie dominante oublie souvent que le nietzschéisme a infusé la pensée anarchiste ; l'historiographie orthodoxe de l'anarchie tient en petite estime le compagnonnage des libertaires avec le père de Zarathoustra. Le post-anarchisme envisage, *enfin*, la fécondité de cette liaison. Elle fournit le chaînon manquant entre l'anarchie de la belle époque et celle d'aujourd'hui – pourvu qu'on souhaite que l'une ne soit pas l'autre.

Quelques exemples. Louise Michel affirme : « Nous voulons la conquête du pain, la conquête du logement et des habits pour tout le monde. Alors le rêve superbe de Nietzsche qui prophétisait l'avènement du surhomme se réalisera ». Emma Goldman écrit, dans *L'Épopée d'une anarchiste*, que Nietzsche, en tant que rebelle et innovateur, aristocrate de l'esprit, « était effectivement un anarchiste, et tous les véritables anarchistes étaient des aristocrates ». Émile Armand place *La Révolution sexuelle et la camaraderie amoureuse* sous les auspices d'une phrase de Nietzsche qui sert d'exergue à un chapitre : « Depuis qu'il y a des hommes, l'homme s'est trop peu réjoui ; voilà, mon frère, notre seul péché originel ». Il se dit franchement disciple de Dionysos. Albert Libertad s'en inspire pour nourrir son individualisme anarchiste. Le détail de l'histoire de ce compagnonnage reste à écrire.

4

Propositions

Un antilibéralisme radical

Le postanarchisme suppose donc la réactivation de la pensée critique issue de Mai 68 et de Vincennes. Il vise également à reprendre la main sur le terrain intellectuel après la domination des *Nouveaux Philosophes* dans les années 1980, suivie de son remplacement par l'*Individualisme démocratique* dans la décennie suivante. Ces forces conservatrices, sinon réactionnaires, ont amplement contribué à la propagation du libéralisme en politique et à ses corrélations : déconsidération de la gauche radicale, instrumentalisation de l'extrême droite, destruction des valeurs républicaines de solidarité et de fraternité, assimilation de la nation issue de 1792 au nationalisme belliciste et guerrier, substitution d'un modèle de valeur tocquevillien, prolifération de l'abstentionnisme, fétichisation de l'Europe libérale transformée en solution à tous les problèmes, célébration du marché régulateur en tout.

Les libéraux de gauche s'activent en complices des libéraux de droite avec lesquels d'ailleurs ils gouvernent en alternance selon une logique de partage du territoire. Pour assurer leur domination, ils se choisissent un ennemi à gauche et mettent en avant un certain nombre de vieilles pensées habillées de couleurs neuves qui remettent en selle Lénine, Marx, Mao, voire Staline. D'où le succès d'anciens althussériens, la remise en selle stratégique de lacaniens structuralistes, la réhabilitation intéressée de vieux gauchistes sur le retour d'âge et de leurs recettes éculées. *L'Hypothèse communiste* d'Alain Badiou faisant symptôme de cette pathologie. Se choisir un adversaire pareil, c'est pour les libéraux augmenter leurs chances de vaincre sans péril – donc… de triompher sans gloire !

Un socialisme libertaire

Si l'on veut éviter à la fois le libéralisme de droite, sa formule jumelle à gauche et le communisme type XXe siècle, alors il faut nourrir le concept de postanarchisme en affirmant un contenu substantiel qui récuse avec une même détermination le libéralisme et le communisme, autrement dit le capitalisme libéral et le capitalisme des Soviets. Le socialisme libertaire, sinon le projet d'une République libertaire, trouvent leur sens dans cette récusation radicale de la thèse criminelle selon laquelle le marché fait la loi.

Socialisme, parce qu'il est temps d'en finir avec le hold-up marxiste qui a consisté à enfermer le socialisme dans un manichéisme dont nous n'avons pas encore réussi à nous libérer. Marx a décidé de l'existence, d'une part, d'un socialisme scientifique, le sien, le seul, le vrai, le matérialisme dialectique confirmé par la vérité des faits (!) et, d'autre part, du socialisme utopique, autrement dit du socialisme de tous les autres, ce qui englobait dans une même réprobation la pensée pragmatique de Proudhon et la formule lyrique de Fourier, puis toutes les autres propositions qui tendent vers l'une ou l'autre de ces deux extrémités.

Or, il existe un socialisme libertaire. À l'inverse du dogme en vertu duquel la main invisible du marché fait la loi, et finit toujours par bien faire les choses, il propose de ne pas faire confiance à cet épiphénomène déiste d'une force régulatrice invisible mais providentielle. Le socialisme met l'économie au service des hommes, il réorganise la production dans le sens d'un partage plus équitable, plus juste, dans lequel ce que Proudhon nommait l'aubaine dans *Qu'est-ce que la propriété ?* (autrement dit, la spoliation de la force de travail par le propriétaire) disparaîtrait définitivement. Le postanarchisme est antilibéral, anticommuniste et socialiste libertaire.

Une république immanente

La république en question n'a plus grand-chose à voir avec le modèle dominant et transcendantal communément entendu par ce signifiant. Elle ne tombe pas du ciel des idées de la philosophie politique, sur le mode de la divinité rayonnant sur la terre, mais elle monte de terre et provient du peuple. Elle renoue ainsi avec l'étymologie : *res publica*, chose publique. Il faut désacraliser la république divinisée par le culte laïc issu de 1789 et lui donner sa dimension immanente et horizontale.

Le postanarchisme détruit les fétiches tombés du ciel, quels que soient les domaines de la fétichisation. Il propose une lecture radicalement immanente du réel, du monde, des choses et de la politique. Au refus du libéralisme et du communisme, ajoutons également celui de toute théocratie laïque. L'anarchisme est affaire de contrats synallagmatiques perpétuellement renouvelés et non d'oukases descendus de l'empyrée théorétique dans lequel flotteraient en ectoplasmes conceptuels la Loi, le Droit, la Révolution, l'Anarchie, les Droits de l'homme. Le postanarchisme abolit le règne du Concept et promulgue le temps du nominalisme en politique.

Une politique nominaliste

Qu'est-ce que le nominalisme en politique ? Le refus de faire primer l'Idée, le Concept sur le réel ; la récusation du kantisme qui, lui, est doctrinaire et idéologique, sans souci de la nature plastique de la réalité ; le dépassement de la vieille façon militante de croire que la doctrine est plus vraie que la vérité. On connaît la boutade célèbre de Brecht qui, dans son poème *La Solution*, commente l'insurrection du 17 juin 1953 (au cours de laquelle les travailleurs s'étaient soulevés comme les exactions anti-ouvrières du régime communiste de la RDA, le pouvoir marxiste avait alors tué une centaine de manifestants…) et propose sa fameuse solution : dissoudre le peuple et en élire un autre. Le doctrinaire pense selon ce principe : dissoudre le peuple. Le nominaliste agit en regard de la situation concrète et privilégie le réel sur le dogme.

Le postanarchisme suppose donc qu'on en finisse avec le règne de la *morale du principe* qui, de Platon à Kant, *via* le christianisme, édicte des lois morales sans souci de leur justice ou de leur justesse, de leur caractère applicable : si le principe ne fonctionne pas, peu importe, le réel a tort, mais jamais le principe. Kant invite à ne pas mentir sous prétexte de disqualifier la source du droit ? Mais si le mensonge qui nous permet d'être moral *ici* envoie quelqu'un à la mort et nous assure d'être immoral *là*, que doit-on faire ? Obéir au principe, quelles qu'en soient les conséquences, affirme Kant.

Le révolutionnaire marxiste affirme que l'appropriation collective des moyens de production, puis la collectivisation de l'infrastructure économique génèrent *de facto* une modification de la superstructure idéologique, parce que l'un conditionne l'autre selon une vérité prétendument scientifique. Mais si le réel invalide cette causalité et met à mal la doctrine marxiste ? Alors il récuse le réel qui a tort et persiste dans son erreur théorique. Finissons-en avec ce reliquat de pensée religieuse et de logique relevant de la foi – donc de la pathologie, du déni de réel.

Une éthique conséquentialiste

Le postanarchisme pense la théorie en regard de la pratique, et vice versa. Il ne soumet pas le réel à la doctrine, mais agit, incarne, travaille sur le terrain ; il tâche de réaliser son idéal anarchiste, puis il adapte, modifie, précise les contenus de la doctrine en fonction de la résistance du monde à l'application des pensées. Il suppose donc le conséquentialisme : la pensée et l'action ne constituent pas deux mondes séparés, imperméables, hétérogènes, mais deux univers qui se nourrissent mutuellement.

De sorte qu'il faut se soucier du fouriérisme pratique pour penser Fourier et se réclamer aujourd'hui de sa pensée. *Idem* avec la philosophie politique d'Owen et ses revers *in situ* à New Lanark ou aux États-Unis. De la même manière, on examinera avec une attention toute particulière les raisons du succès des familistères de Godin. Que faire, en effet, quand on se réclame de l'anarchisme, des ratages des communautés utopistes du XIXe siècle ? Le doctrinaire ne veut rien savoir des difficultés d'application : l'idéologie lui tient lieu de viatique ; la plupart du temps, il change de réel, mais ne veut pas toucher à son idéal. Le post-anarchiste éclaire sa théorie à la lumière de sa pratique.

Combien d'anarchistes sur le mode ancien se contentent d'une pratique militante de pure incantation verbale ? Des actions confinées à la distribution de tracts, à la confection

d'un journal confidentiel – ou d'un site aujour-
d'hui –, aux bombages, aux confections de
banderoles, à la fabrication de slogans, à la
participation aux défilés dans lesquels on brise
le monde, certes, avec des mots, bien sûr, sur
le mode négatif et négateur, évidemment,
mais dans lequel le ressentiment prend une
part majeure, les passions tristes menant le bal
libertaire ? Ces actions-là, donc, outre qu'elle
font sourire la droite, le patronat, le capitalisme libéral, les puissants qui dirigent le
monde et saccagent la planète, relèvent du
folklore politique.

Une pensée nourrie d'action

Que ces militants posent leur mégaphone
et *agissent*, même modestement, qu'ils *cons-
truisent*, même petitement, qu'ils *s'activent*
dans la positivité, même six mois, qu'ils délais-
sent les banderoles pour travailler dans une
association où ils *incarneront* leur idéal libertaire, même humblement, qu'ils frottent leur
idéal anarchiste au cuir épais du réel et du
monde, même quelques heures, alors ils
verront que l'idéalisme du croyant dévot vaut

le leur, car le monde n'est pas fait de concepts mais de forces qui résistent, de flux de violences déraisonnables, de passions irrationnelles, d'individus conduits par leurs pulsions et loin de leurs raisons, car le monde n'obéit pas aux raisonnements et à la dialectique, aux rhétoriques et aux démonstrations, fussent-elles anarchistes. Plutôt un petit progrès anarchiste sur le terrain qu'une grande péroraison libertaire dans le verbe ou la geste folklorique. Appliquons ce mot de Diogène le libertaire à l'endroit de Platon le doctrinaire : « À quoi bon un philosophe qui, sa vie durant, n'a jamais dérangé personne ? »

Le postanarchisme propose donc un appareillage conceptuel : le socialisme libertaire qui récuse le libéralisme, de droite et de gauche, tout autant que le communisme, et ce au nom d'une pratique solidaire et fraternelle ; le nominalisme, telle machine de guerre lancée contre l'idéalisme ; le conséquentialisme comme éthique utilitariste postchrétienne, donc postkantienne ; le pragmatisme qui tourne le dos aux rêveries insoucieuses de la résistance de la matière du monde ; le réalisme de l'interaction permanente ; la dialectique entre la pensée et l'action, la théorie et la pratique, le verbe et le geste, sans jamais sacrifier l'un à l'autre.

Au-delà de la servitude volontaire

Le principe directeur du postanarchisme ? Son impératif catégorique ? Son utopie, autrement dit son idéal de la raison ? Son point vers lequel tout doit tendre ? Sa maxime directrice ? Sa formule ? Cette sublime phrase de La Boétie qui constitue le cœur de la pensée politique du *Discours de la servitude volontaire* : « Soyez résolus de ne plus servir et vous voilà libres. » Car la libération ne vient d'ailleurs que du vouloir de ceux qui la désirent. Elle n'est pas une affaire qui suppose un demain, un Grand Soir mythique, elle ne tombe pas du ciel en cadeau offert par les exploiteurs. Elle ne suppose pas la charité du capitalisme ou la bienveillance des Maîtres. Elle ne surgit pas quand d'hypothétiques conditions historiques se trouvent réunies. Elle n'est pas dépendante de l'action d'une avant-garde éclairée du prolétariat. Elle n'arrive pas par la grâce de l'insurrection d'un sous-prolétariat en haillons enfin révolté. Elle advient parce qu'on refuse de donner au pouvoir ce qu'on lui donne habituellement pour être.

Le génie politique de l'ami de Montaigne (qui écrit ce grand texte de philosophie politique libertaire vers l'âge de 17 ans) est simple : nous vivons dans un état de perpétuelle angoisse car nous ne sommes jamais certains que le Maître sera bon, puisqu'il est en son pouvoir d'être méchant s'il le désire ; nous craignons le pouvoir, bien qu'il doive uniquement son existence au crédit qu'on lui donne : il suffit qu'on cesse de le soutenir, il s'effondrera de lui-même, comme un colosse aux pieds d'argile ; nous sommes une multitude et le pouvoir est un, l'agressivité, la guerre, la violence ou la brutalité ne sont pas utiles là où il suffit de ne plus entretenir ce qui nous opprime et que nous avons créé nous-mêmes ; nous nous infligeons un mal et nous pouvons arrêter cette automutilation ; nous ne voulons pas de la liberté, car rien ne serait plus facile, si nous le souhaitions, que de nous en emparer ; notre silence ou notre passivité nous font complices du pouvoir ; nous sommes nés libres, la liberté est notre bien le plus naturel (il suffit de voir comment se débat un animal pris au piège…), mais la force, puis la ruse, enfin l'habitude créent l'état de fait contre lequel nous ne rechignons plus ; la soumission génère de la veulerie, de la lâcheté, un renoncement au courage, une incapacité à la grandeur, d'où l'intérêt des gouvernants à abêtir leurs sujets ; la servitude s'entretient par la multiplication des divertissements organisés par le pouvoir en place : jadis les jeux, les spectacles, le théâtre, au temps de La Boétie, les festins et les réjouissances, aujourd'hui nos versions contemporaines à ces activités anti-subversives – le sport, les jeux vidéo, la tyrannie informatique, la société de consommation ; la servitude s'entretient également par l'association du pouvoir et du sacré – en ce sens, le système médiatique ajoute une corde contemporaine à cet arc en créant une aura magique par la virtualisation du corps du roi ; la domination se perpétue par ceux qui y trouvent intérêt et se placent aux bons endroits, car ils se trouvent payés en argent ou en symbolique, ils agissent en courroie de transmission de la servitude.

À cette invitation à ne plus servir afin de devenir libres, La Boétie ajoute : « Jamais à bon vouloir ne défaut la fortune. » Autrement dit, si la résistance est vraiment déterminée, si le refus de la servitude se soutient par une franche volonté, elle aboutira. Cette invite définit une utopie, non pas sur le registre fantasmatique d'un Fourier (qui envisage la copulation des planètes, la transformation des océans en vaste étendue de limonade ou l'avènement d'anti-girafes…), mais sur le registre du principe d'action : cette utopie fonctionne en poteau indicateur de la direction à suivre, en signe du cap à prendre.

Cette logique suppose la fin de la macropolitique et de la révolution sur le mode ancien qui se proposait le plus grand champ possible : le cosmos avec Fourier, donc, mais plus généralement, et tout aussi immodestement, la planète, le monde entier pour les marxistes. La macropolitique a échoué lamentablement. Que pourrait-on sauver d'un siècle de marxisme de Moscou à La Havane *via* Pékin ? Rien. Des camps, de la police, de l'armée, des miradors, des prisons, des barbelés, des exécutions, des persécutions, des humiliations, de la terreur, de la suspicion généralisée, l'excitation des passions les plus ignobles – haine, jalousie, envie, ressentiment, méchanceté, rancune, hostilité, rancœur, la guerre de tous contre tous. Était-ce le but de ses promoteurs ? Au nom du plus grand bonheur du plus grand nombre, vraiment ?

La fin de la macropolitique débouche sur l'avènement de la micropolitique, la vérité du postanarchisme. Je nomme *principe de Gulliver* cette logique nouvelle, plus modeste, plus humble, moins clinquante, mais qui en finit avec le modèle messianique et religieux. Elle ne se trouve pas moins efficace, malgré la quasi-invisibilité et le caractère antispectaculaire des actions libertaires et des agissements anarchistes micrologiques. L'imperceptibilité de l'action micrologique n'empêche pas l'efficacité des résistances micrologiques.

Chacun connaît l'histoire du géant Gulliver rapportée par Swift. Nul n'ignore non plus l'existence des lilliputiens. Si le géant peut être arrêté, entravé, puis immobilisé au sol, ça n'est pas par le pouvoir *macrologique* d'un seul mais par la multiplication *micrologique* des petits liens. L'addition de petites forces constitue finalement une formidable puissance. Si révolution il y a, elle ne se fera plus par le haut, dans la violence, avec le sang et la terreur, imposée par le bras armé d'une avant-garde sans foi ni loi (lire ou relire *Leur morale et la nôtre* de Trotski, un bréviaire de cynisme politique) mais par le bas, de façon immanente, contractuelle, capillaire, rhizomique, exemplaire. Le travail ne manque pas.

Références bibliographiques

Armand (Émile), *La Révolution sexuelle et la camaraderie amoureuse*, Paris, Éditions Critique et Raison, 1934 ; Zones, 2009.

Cahiers de Royaumont. Nietzsche, Gilles Deleuze (dir.), Paris, Minuit, 1966.

Goldman (Emma), *L'Épopée d'une anarchiste. New York 1886-Moscou 1920*, Bruxelles, Complexe, 1992 ; nouv. éd., 2002.

La Boétie (Étienne de), *Discours de la servitude volontaire* (1549), Paris, Flammarion, 1983.

Nietzsche aujourd'hui, Maurice de Gandillac et Bernard Pautrat (dir.), vol. 1, *Intensités*, vol. 2, *Passions*, Paris, 10/18, UGE, 1973.

Trotski (Léon), *Leur morale et la nôtre* (1938), Paris, Les Éditions de La Passion, 1994.

Table

PREMIÈRE PARTIE. Autoportrait au drapeau noir

1. Généalogie des viscères 15
2. Descendant d'esclave 21
3. Voline chez mon coiffeur 25
4. La galaxie libertaire 31
5. Découverte de Proudhon 33
6. Avec ou sans Hegel 39
7. « L'anarchie positive » 45
8. Vivre l'anarchie 49

DEUXIÈME PARTIE. Le postanarchisme expliqué à ma grand-mère

1. Situations 59
2. Conservations 65
3. Dépassements 75
4. Propositions 83

Références bibliographiques 99

DU MÊME AUTEUR

Aux Éditions Galilée

CÉLÉBRATION DU GÉNIE COLÉRIQUE. *Tombeau de Pierre Bourdieu*, 2002.

SPLENDEUR DE LA CATASTROPHE. *La peinture de Vladimir Veličković*, 2002.

LES ICÔNES PAÏENNES. *Variations sur Ernest Pignon-Ernest*, 2003.

LA PHILOSOPHIE FÉROCE. *Exercices anarchistes*, 2004.

ÉPIPHANIES DE LA SÉPARATION. *La peinture de Gilles Aillaud*, 2004.

LA COMMUNAUTÉ PHILOSOPHIQUE. *Manifeste pour l'Université populaire*, 2004.

SUITE À LA COMMUNAUTÉ PHILOSOPHIQUE. *Une machine à porter la voix*, 2006.

TRACES DE FEUX FURIEUX. *La philosophie féroce, II*, 2006.

FIXER DES VERTIGES. *Les photographies de Willy Ronis*, 2007.

LA PENSÉE DE MIDI. *Archéologie d'une gauche libertaire*, 2007.

L'INNOCENCE DU DEVENIR. *La vie de Frédéric Nietzsche*, 2008.

LE SONGE D'EICHMANN. *Un kantien chez les nazis*, 2008.

LE CHIFFRE DE LA PEINTURE. *L'œuvre de Valerio Adami*, 2008.

LES BÛCHERS DE BÉNARÈS. *Cosmos, Éros et Thanatos*, 2008.

LA VITESSE DES SIMULACRES. *Les sculptures de Pollès*, 2008.

LA RELIGION DU POIGNARD. *Éloge de Charlotte Corday*, 2009.

L'APICULTEUR ET LES INDIENS. *La peinture de Gérard Garouste*, 2009.

LE RECOURS AUX FORÊTS. *La tentation de Démocrite*, 2009.

PHILOSOPHER COMME UN CHIEN. *La philosophie féroce, III*, 2010.

LA SAGESSE DES ABEILLES. *Première leçon de Démocrite*, 2012.

VIES & MORT D'UN DANDY. *Construction d'un mythe*, 2012.

DANS LA MÊME COLLECTION

Jean-François Lyotard
Instructions païennes

David Cooper
Qui sont les dissidents ?

Jean Baudrillard
L'Effet Beaubourg

Jean-Marie Touratier
TV

Vercors
Sens et non-sens de l'histoire

Jean-Marie Touratier
Le Stéréotype

Alain Touraine
Mort d'une gauche

Serge Doubrovsky
Parcours critique

Jalil Bennani
Le Corps suspect

Suzanne Roth
Les Aventures au XVIIIe siècle

Jean Oury
*Onze heures du soir
à La Borde*

Fernand Deligny
Les Enfants et le Silence

Sarah Kofman
L'Énigme de la femme

Louis Sala-Molins
*Le Dictionnaire
des inquisiteurs*

Jean Borie
*Mythologies de l'hérédité
au XIXe siècle*

Jean Baudrillard
Simulacres et Simulation

Claude Durand
Chômage et Violence

Collectif
Rejouer le politique

Jean-Luc Nancy
Le Partage des voix

Sarah Kofman
Le Respect des femmes

Sarah Kofman
Comment s'en sortir ?

Sarah Kofman
Un métier impossible

Collectif
C'est terrible quand on y pense

Jacques Derrida
*D'un ton apocalyptique
adopté naguère en philosophie*

Luce Irigaray
La Croyance même

Michel Ragon
*Karel Appel, de Cobra
à un art autre*

Démosthènes Davvetas
Soleil immatériel

Jean-François Lyotard
La Guerre des Algériens

Jean Oury
Création et schizophrénie

Michel Sicard
Essais sur Sartre

Christine Buci-Glucksmann
Tragique de l'ombre

Jean-François Lyotard
Pérégrinations

Sarah Kofman
Jean-Yves Masson
*Don Juan ou le refus
de la dette*

Sarah Kofman
*« Il n'y a que le premier pas
qui coûte »*

Jean-François Lyotard
Lectures d'enfance

André Gorz
*Capitalisme, Socialisme,
Écologie*

Collectif
Penser la folie

Jean-François Lyotard
Lectures d'enfance

Christine Buci-Glucksmann
L'enjeu du beau

Jean Oury
L'Aliénation

Jean-François Lyotard
Moralités postmodernes

Jean-François Lyotard
Des dispositifs pulsionnels

Jean-François Lyotard
*Dérive à partir de Marx
et Freud*

Édouard Valdman
Les Juifs et l'argent

André Antolini
Yves-Henri Bonello
Les Villes du désir

Pierre Alechinsky
Travaux à deux ou trois

Pierre Bouvier
*Socio-Anthropologie
du contemporain*

Yves-Henri Bonello
L'Injustice

Christine Buci-Glucksmann
L'Œil cartographique de l'art

Collectif
Puissance du baroque

Jacques Derrida
Bernard Stiegler
Échographies – de la télévision

Édouard Jaguer
Cobra au cœur du XXᵉ siècle

André Gorz
*Misères du présent,
richesse du possible*

Blandine Kriegel
La Cité républicaine

Pierre-André Taguieff
L'Effacement de l'avenir

Christine Buci-Glucksmann
*L'Esthétique du temps
au Japon*

Christine Buci-Glucksmann
*La Folie du voir
Une esthétique du virtuel*

René Major
La Démocratie en cruauté

André Gorz
L'Immatériel

Michel Onfray
La Philosophie féroce

Michel Deguy
Sans retour

Bernard Stiegler
Philosopher par accident

Michel Onfray
La Communauté philosophique

Michel Deguy
Au jugé

Bernard Stiegler
Mécréance et Discrédit, 1

Bernard Stiegler
Constituer l'Europe, 1

Bernard Stiegler
Constituer l'Europe, 2

Arnaud Buchs
*Yves Bonnefoy à l'horizon
du surréalisme*

Bernard Stiegler
Mécréance et Discrédit, 2

Bernard Stiegler
Mécréance et Discrédit, 3

Michel Onfray
*Suite à La Communauté
philosophique*

Michel Onfray
Traces de feux furieux

André Gorz
Écologica

Christine Buci-
Glucksmann
Philosophie de l'ornement

Michel Onfray
Les Bûchers de Bénarès

Michel Onfray
La Religion du poignard

Bernard Stiegler
*Pour une nouvelle critique
de l'économie politique*

Michel Onfray
Philosopher comme un chien

François Jullien
Le Pont des singes

Pierre Birnbaum
Face au pouvoir

Emmanuel Terray
Penser à droite

Michel Onfray
*Le postanarchisme expliqué
à ma grand-mère*

François Jullien
L'écart et l'entre

Michel Onfray
Vies & mort d'un dandy

CET OUVRAGE A ÉTÉ ACHEVÉ
D'IMPRIMER POUR LE
COMPTE DES ÉDITIONS GALILÉE
PAR L'IMPRIMERIE FLOCH
À MAYENNE EN OCTOBRE 2012.
NUMÉRO D'IMPRESSION : 82626.
DÉPÔT LÉGAL : OCTOBRE 2012.
NUMÉRO D'ÉDITION : 988.

Code Sodis : 750 686 0

Imprimé en France